ESCARMOUCHES POLITIQUES

ESCARMOUCHES

POLITIQUES

PAR CASIMIR AUGIER

L'union fait la force.

AU PUY

IMPRIMERIE DE A. AUDIARD, DIRIGÉE PAR AUDIARD-BONNET.

1851

Au citoyen Audiard-Bonnet, rédacteur en chef de L'AMI DU PEUPLE.

CHER,

Vous vous serez peut-être aperçu que j'ai pris pour devise de mon petit livre, L'UNION FAIT LA FORCE. Cet aphorisme est vieux comme le monde, et dès-lors, je n'ai pas l'outrecuidance d'en revendiquer la priorité d'invention, mais il m'a été impossible de découvrir une épigraphe plus significative, comme aussi plus convenable à la circonstance. Veuillez m'en légaliser l'emploi.

A propos, je vous devais bien cette lettre. N'êtes-vous pas, en quelque sorte, le parrain du plus grand nombre de ces morceaux — dits poétiques — qu'il m'est venu à l'esprit de réunir en collection ? N'ont-ils pas vu le jour sous le patronage de votre nom ? et, tout dernièrement encore, ne les avez-vous pas recommandés à vos lecteurs, par un article dont les termes m'ont fait un plaisir que je ne puis dissimuler, sans oser, toutefois, m'en appliquer complètement le fond.

Quoi qu'il en soit, je vous en remercie avec complète et sincère effusion.

Trois mots, renfermant trois pensées, m'ont surtout frappé dans les lignes que vous avez eu l'obligeance de me consacrer; ces mots étaient : *Loyauté, désintéressement et honnêteté dans les principes*. Je mérite ce passage de votre appréciation, et l'accepte sans fausse pudeur. Vous le voyez, je fais la part de toutes choses.

Ceci réglé, permettez que je vous explique le but et *la raison d'être* de cette publication. J'ai voulu dire, en me produisant, moi chétif, que par les temps où nous vivons, chacun doit avoir le courage de mettre en relief ses opinions, ses écrits et ses actes. A vous, citoyen Audiard, d'opérer dans les sphères supérieures; à d'autres le bas de l'échelle. Qu'importe, pourvu que le grand œuvre s'accomplisse !

L'UNION FAIT LA FORCE, je le répète avec intention. Oui, plus de dissidences, plus de mesquines questions de détail, plus de rivalités puériles, plus de polémiques interminables sur de ridicules accessoires, mais que les cœurs se confondent dans une même et seule aspiration; que les intelligences et les forces se groupent pour soutenir et faire triompher le Principe sacré ; arborons enfin la bannière de l'UNITÉ ET DE L'UNION ; nous serons invincibles !

Ici, cher rédacteur, souffrez que je me serve de votre couvert pour féliciter nos très honorables représentans de la Haute-Loire, d'avoir si dignement persévéré dans cette voie. Honneur à vous : Breymand, Chovelon, Camille Chouvy, Francisque Maigne, Monnier, St-Ferréol ! Acceptez-aussi, mes hommages respectueux, hommes au vieux patriotisme éprouvé, que nous avons eu, trop peu de jours, hélas ! à la tête de notre département : Bravard *, Dance ** et Richard ***.

Je finis ma lettre, citoyen, en vous serrant cordialement la main.

CASIMIR AUGIER.

* Commissaire du gouvernement provisoire ; — ** sous-commissaire à Yssingeaux ; — *** préfet en 1848.

DÉDICACE A MA MÈRE.

Ma Mère, chaque fois qu'un produit de ma veille
Par son titre est venu caresser ton oreille,
En te portant au cœur un chaud et doux émoi,
Tu pouvais dire alors : mon enfant pense à moi.
Oui, je voulais ainsi sur ta sainte vieillesse
Verser avec le baume un rayon d'allégresse,
Et je trouvais au bout de ce pieux devoir
De l'amour filial, le courage et l'espoir.
De loin je t'invoquais, battu du sort contraire,
Comme un ange gardien à l'aile tutélaire;
Pour moi tu devenais l'étoile du berger,
Ce phare du marin, quand grossit le danger,
Et soudain, du malheur s'effaçant l'amertume,
Des chants joyeux et frais débordaient de ma plume.
Mère, si je n'ai pas gagné d'illustres prix,
Si dans l'oubli profond sont noyés mes écrits,
Ils n'auraient jamais craint l'éclat de la lumière;
A défaut du talent, tu dois en être fière.
Que l'on sonde à l'envi chaque mot ou le sens,
On n'en changera pas les loyaux sentimens.

Dès le brillant réveil de notre République,
J'abordai franchement la scène politique.
J'en saluai, ravi, l'auguste avènement
Et promis d'apporter ma pierre au monument;

J'ai tâché, jusqu'ici, d'accomplir ma promesse
Que les vents fussent bons ou l'esquif en détresse.
Certes, pauvre ouvrier, travailleur inconnu,
Et par la seule foi dans l'œuvre soutenu;
Mon zèle à peu servi la cause populaire;
Mais qu'attendre de plus d'un simple auxiliaire!
On me trouvera tel, immuable à mon rang,
Tant que chaleur de vie enflammera mon sang.
De même avec horreur, hautement je repousse
Du glaive et des pavés la brutale secousse.
Veillons de tous côtés aux folles passions,
Car le progrès viendra sans les convulsions.
Confions nos destins à la raison humaine,
Du temps et de la paix la force est souveraine.
Le droit et la justice auront enfin leur tour
Et des flancs de la nuit resplendira le jour.

Mère, voilà ton fils; tu connais sa croyance
Et de ses vœux ardents la naïve espérance.
Sois-lui donc favorable, afin qu'il soit béni
Du ciel qui près de toi l'a déjà réuni.

PLANTATION

DE

L'ARBRE DE LA LIBERTÉ.

12 AVRIL 1848.

DE notre liberté miraculeux symbole,
D'un malheureux poète à la faible parole
    Accepte le salut :
Veuille Dieu l'inspirer, afin que sa pensée
Puisse ne pas mourir, froidement condensée,
    Aux cordes de son luth !

1851

Que sa voix, dans les airs, formidable, vibrante,
Apporte à tous les cœurs la chaleur pénétrante
      D'énergiques accens !
De l'excès du bonheur il redoute l'ivresse ;
Car, ainsi que le mal, de son poids il oppresse
      Les âmes et les sens.

Prends courage, ma Muse ! et bondis dans l'arène,
Comme fait du vaisseau la robuste carène
      A travers l'Océan ;
Ou comme le coursier, qui, maître de la plaine
Et libre de tout frein, sillonne son domaine
      D'un vigoureux élan !

A peine es-tu debout, noble ressuscitée,
Que de tes ennemis la phalange irritée
      Se soulève en courroux ;
Dans la foule les uns répandent les alarmes ;
Les autres en secret se préparent aux armes
      Et dirigent les coups.

Meute de chiens, jadis largement saturée
Des splendides présens de l'ancienne curée,
      Meute de chiens nouveaux ;
Ambitieux poussés par leurs instincts avides,
Qui, du banquet désert guettant les places vides,
      En flairent les lambeaux.

Ils savent réformer leur robe et leurs usages ;
De naïves couleurs ils fardent leurs visages ;
     Ils occupent les jours,
Tribuns improvisés, à parler de civisme,
De probité, d'honneur ou de patriotisme,
     Le long des carrefours..

Ou bien, dissimulant d'impuissantes colères,
Ils distillent sans bruit, semblables aux vipères,
     La bave et le venin ;
Et s'ils lèvent le bras, ils n'ont que le courage
Des bandits attendant la victime au passage
     D'un ténébreux chemin.

Les rois ont tressailli devant toi, République !
Un livide rayon sort de leur œil oblique,
     Ils te visent au flanc ;
Mère ! ne faiblis pas ; leurs lames repoussées
Rentreront au fourreau, par le choc émoussées
     Et vierges de ton sang.

Eh ! que te font les cris d'invisibles insectes
Ou les faux dévoùmens de poitrines abjectes ?
     As-tu besoin des rois ?
Si les peuples unis arborent ta bannière,
On les verra bientôt renverser la barrière
     Et proclamer tes lois.

Ils ne briseront pas, ces tyrans sacrilèges,
Les solides remparts formés par les cortèges
　　　De tes adorateurs.....
La majesté de Dieu ressent-elle l'injure
Que lance contre lui quelque cohorte impure
　　　D'obscurs blasphémateurs?

Et de même, à ton front, la couronne nouvelle
Sans tâche doit briller d'une gloire immortelle.
　　　L'histoire à l'avenir.
Comptera de ee temps l'ère de délivrance,
Confondant la grandeur et le nom de la France
　　　Avec ce souvenir!

Ainsi du Rédempteur l'œuvre étant accomplie,
La volonté du Ciel se trouvera remplie :
　　　Amour, Fraternité,
Paix et respect à tous, des grands aux plus infimes,
Et le monde verra, guidé par ces maximes,
　　　Fleurir la Liberté.

Mais arrière de nous les images sinistres,
En retrouvant ici le signe et les ministres
　　　De la Religion ;
Accourus à ton aide en ce moment suprême,
Ils viennent ajouter à ton premier baptême
　　　Leur bénédiction.

Frères ! unissons-nous et rapprochons nos âmes.
Que toutes désormais brûlent des mêmes flammes!
      Tenons-nous par la main :
Oubliant le passé, que d'une ardeur pareille
Nous servions le pays, citoyens de la veille
      Ou ceux du lendemain !

———————

AU PEUPLE SOUVERAIN.

Alerte !

      VINÇARD (*chanson patriotique.*)

Vox populi, vox De',

      ÉVANGILE.

. . . .

Aussi de tous ces mots, vois plus loin que la lettre;
Vois l'esprit sans lequel ils séduiraient peut-être
    Et ton âme et tes sens ;
Des faux docteurs du jour qui peuplent nos écoles
N'écoute pas la voix, à de vaines idoles
    Ne jette pas l'encens.

        Casimir ALGIER. (Poésies diverses.)

Je t'entends appeler le Peuple souverain,
Les maîtres d'autrefois viennent lécher ta main;
A toi leur dévoûment et leur plus doux sourire;
Sur vingt diapasons, ils ne cessent de dire :
Frères! embrassons-nous; béni soit le destin
Qui nous fait prendre place en un même festin !

Oh ! nous connaissions peu, généreuses victimes,
L'admirable trésor de vos cœurs magnanimes !....
Frères ! qu'il sera beau de voir sous chaque toit
Régner l'Egalité, ce triomphe d'un droit ;
Des classes et des rangs, le hideux privilége
Abaisser au niveau sa tête sacrilège ;
De voir de la faveur le trafic abattu,
Et les prix décernés à la seule vertu,
Au travail, au talent, saintes et nobles brigues,
Au lieu d'être servis en pâture aux intrigues !
Puis les voilà soudain hurlant dans leurs transports :
Frères ! vous êtes grands ; Frères ! vous êtes forts !
Laissez se dilater vos muscles et vos fibres,
Au bonheur de compter parmi les hommes libres.
Ranimez au soleil vos membres tout meurtris
Par les rudes labeurs imposés aux proscrits.
Que vos voix fendent l'air de leurs accens sonores ;
Videz jusqu'à la fin ces joyeuses amphores
Qui retiennent captifs tant de vins généreux,
Et ,[sûrs de l'avenir, endormez-vous heureux !
Oui, dormez, braves gens en toute quiétude,
Et de loisirs plus doux apprenez l'habitude...

Alerte ! garde à toi, debout, pauvre lion,
Car te voilà le jouet de la dérision.
Les attributs sacrés de ton pouvoir suprême
Sont brisés, dispersés, comme le diadême
Et le sceptre d'emprunt de ces rois de tréteaux
Que derrière la toile on retrouve en lambeaux.
Alerte ! ces flatteurs, lorsque tu te redresses,

A plat ventre étendus, redoublent de caresses ;
Invoquent ton grand nom, ne jurent que par toi,
Prodigues de sermens aux tables de ta loi.
Mais regarde plus bas, une horrible grimace
Imprime ce sourire à la peau de leur face.
Ils fascinent tes yeux par l'appât du sommeil,
Et savent renouer, avant chaque réveil,
L'invisible réseau d'une nouvelle chaîne
Qu'ils forgent en secret pour ta chûte prochaine.

Hélas ! dans plus d'un cœur, cet espoir criminel
Se rallume à l'abri du masque fraternel.
Et même ce n'est plus au fond de leurs poitrines
Que tes vieux ennemis nourrissent leurs doctrines ;
Non, c'est en plein soleil, toutes voiles dehors,
Prêts à recommencer de sauvages efforts.
Dans cet aveuglement, c'est en vain qu'on leur crie :
Pas de guerres, amis ! pensez à la patrie,
De parricides coups ne frappez plus ses flancs,
Et sous un seul drapeau réunissons les camps.
Inutiles avis ! un esprit de vertige
A l'abîme profond les pousse et les dirige,
Sans comprendre, insensés, qu'en le voulant, un jour,
Ils seraient foudroyés et vaincus sans retour !

Et pendant que le char de la démocratie,
Malgré les royautés et leur diplomatie,
S'avance, répandant ces principes nouveaux
Qui des peuples entiers deviendront les flambeaux :
A reculons, les uns veulent entraîner l'arche.

D'autres, en sens divers, font obstacle à sa marche.
Pour ceux-là du passé, par la réaction,
Doit revivre le code et la tradition.
Heureux temps, en effet, où nous tous, vile plèbe,
Prêtions si bien le dos, attachés à la glèbe;
Pauvres esclaves blancs courbés sous le bâton
D'oppresseurs plus cruels que l'avare colon.
Une fois, ils disaient : il nous faut votre laine,
Imbécile bétail, moutons de race humaine,
Et nous venions l'offrir ainsi chaque saison.
Ils disaient : il nous faut telle part de moisson ;
Et la gerbe aussitôt tombait sous la faucille.
Il nous faut, cette nuit, ton épouse où ta fille ;
Et la vierge tremblante aux serres des vautours,
De force s'en allait servir à leurs amours !
Heureux temps !... Si d'un cœur s'échappait le murmure,
Les cachots étaient là, les bourreaux, la torture ;
Blasphème ! et l'on nommait cela le droit divin !

Le ciel de ces horreurs avait marqué la fin....
Un souffle lumineux traversa l'ignorance,
Et le monde comprit l'heure de délivrance.
Qu'ils n'espèrent donc plus, ces hommes du passé,
Nous barrer le chemin si largement tracé.
La victoire est à nous, victoire glorieuse,
Dont l'éclat répandra la flamme radieuse
De notre dogme saint : Amour, Fraternité,
Liberté, Paix à tous, Travail, Egalité.

Et vous, qui par le fer, le trouble et l'anarchie,
Comptez rouvrir le trône à cette monarchie,
S'affaissant en exil, proscrite à Claremont
Où de ses souvenirs la fustige l'affront;
Gardez-vous d'irriter sa mortelle agonie.
Assez d'amers regrets remplissent l'insomnie
De ce triste vieillard, de ces fils malheureux,
Que vous avez perdus, vous, amis dangereux !
Vous, souteneurs impurs, chefs de cette cabale
Prostituant à l'or l'honneur et la morale * ;
Qu'ont perdus vos excès, vos vices, votre orgueil
Ah ! par pudeur, au moins, n'évoquez pas ce deuil.

Mais s'il s'en trouvait un qui vint de la couronne,
Prétendant aux abois, redemander l'aumône;
Aurait-il avec lui tous les aigles vivants
Qui des monts escarpés habitent les versants;
Serait-il revêtu, pour sa folle entreprise,
Sous le petit chapeau, de la capote grise;
Prouverait-il aussi, comme on le prêche aux sots,
Que ses nombreux trésors suffiraient aux impôts;
Prince, merci de vous : calmez votre délire,
Nous pouvons nous passer d'empereur et d'empire.
De même nous dirons à tous les descendans
Du trop vieux St-Louis ou des fils d'Orléans :
Voyez, les rois s'en vont, et dans ce cas extrême
Le Peuple a décidé de gouverner lui-même.
Peut-être en ce moment, quelque fils des Césars
Galope fugitif, désertant ses remparts.

* *Enrichissez-vous*.... Chacun pour vous.... Chacun chez vous...—GUIZOT.

Le reste, gens peureux, troupeau de daims timides,
D'un large et gras repos, de jouissance avides,
Honnêtes citoyens, contents à peu de frais,
Ont peur du moindre bruit, s'avouant satisfaits.
Satisfaits, je le crois, car leur patriotisme
S'arrête à la limite où finit l'égoïsme.
Ils disent volontiers : Je suis républicain !
Moi, bien avant Brutus, et moi du lendemain ;
Après, sous le couvert de la sage réponse,
Ils récoltent les fruits en évitant la ronce.
Ouvriers paresseux, mais adroits compagnons,
Les premiers de la rûche ils mangent les rayons,
Jusqu'à ce que l'essaim, reconnaissant la ruse,
A nourrir ces frelons, en courroux se refuse.

Et si nous repoussons ces tièdes partisans,
Comprimons, attentifs, les fébriles élans
Des hommes inquiets, au civisme farouche.
Matamores bruyans, il ne sort de leur bouche
Que sinistres propos sur un ton caverneux,
Terribles pronostics et projets ténébreux.
D'un faux zèle enflammés, gonflés de fanatisme,
Ils préparent déjà les arrêts d'ostracisme
Et font prendre à l'entour, par ces jeux de terreur,
De la Fraternité le nom même en horreur.

Tels sont tes ennemis, tu connais leur visage.
Maintenant sois uni, calme devant l'orage.
Le vent ne courbe pas les plus minces roseaux
Par leurs branches liés et groupés en faisceaux.

Je vois à mes côtés surgir mille systèmes,
Où la solution de ces graves problèmes
Qui tiennent les esprits et le monde en suspens,
Est promise par tous ; vainement je l'attends.
Certains de leurs auteurs, enlevant la barrière,
Veulent gagner d'un bond le bout de la carrière,
D'un geste réparer le vieux monde croûlant,
Et bâtir sans répit sur le terrain mouvant.
Mais il faut pour fonder un solide édifice,
Plus que de ces mots creux le bruit et l'artifice ;
Plus que des fictions ou de chauds dévoûmens,
A savoir : du mortier, l'architecte et le temps.
L'architecte surtout d'un monument durable
Dont la base repose ailleurs que sur le sable !
Ecoutez bien ceci, prophètes, novateurs,
Vous qui vous annoncez Christs et réformateurs,
Pontifes d'une secte ou d'une foi nouvelle,
Et montrez à vos fronts la divine étincelle ;
Cabet, Pierre Leroux, Proudhon, Considérant,
St-Simon ou Fourrier, Ballanche ou Louis Blanc :
Jusque là nous marchons parmi vos théories,
Comme ces voyageurs, au temps des féeries,
Qui, d'un palais magique, admiraient, éblouis,
Les merveilleux jardins pour eux épanouis,
Et se trouvaient, le soir, dans une aride plaine,
De la mort et du froid lamentable domaine.
Comme le pélerin que la soif brûle et tord :
Croyant de frais ruisseaux apercevoir le bord,
Altéré, défaillant, il reprend du courage,
Court aux limpides eaux, mensonge du mirage,

Et, soudain, détrompé, tombe frappé de mort
A l'aspect du néant à la place du port....
Ainsi de nos esprits le magnifique rêve
Par le doute et l'effroi péniblement s'achève.

Sans vouloir censurer ces splendides travaux
Dont me rendraient si fier les plus faibles lambeaux,
Que d'autres avec moi resteront incrédules,
Ne pouvant expliquer vos brillantes formules!
Indiquez les moyens, déterminez le but
Et changez la devise : *hors nous pas de salut.*
Des augures anciens évitez la pratique
De proclamer l'oracle en sens énigmatique ;
Trêve de parabole, apôtres du progrès,
Sortez du sanctuaire et parlez-nous de près.....
Au lieu de chatouiller l'oreille prolétaire
En modulant sans cesse un thême humanitaire,
Ne vaudrait-il pas mieux que d'agacer la faim
Avoir à lui donner le remède,.... du pain ?
Terminez ces appels aux passions ardentes
Qui bouillonnent au feu de fiévreuses attentes ;
Fermez plutôt la digue au torrent qui bondit,
Car vous ne pourriez plus le guider vers son lit!

O Peuple! garde à toi. Ce cri, je le répète,
Non comme le signal annonçant la tempête
Ou le glas, sombre écho d'un funèbre tocsin ;
C'est l'avertissement que la voix du muezzin
Aux fidèles croyans donne à certaines heures,
Pour prier et veiller au sein de leurs demeures.

Eh ! nous aussi prions afin que du Très-Haut
L'assistance au pays ne fasse pas défaut.
Oui, chassons le sommeil bien loin de nos prunelles,
Et veillons en commun, prudentes sentinelles ;
Il s'agit d'assurer les droits par nous conquis
Et dans des flots de sang cruellement acquis !

Tu vas faire bientôt de ton omnipotence
Un essai redoutable, et ton règne commence.
Du couchant au midi, le vote universel
Changera notre sol en vaste Carrousel,
Et déjà les rivaux flanqués de leur milice,
L'étendard déployé, sont entrés dans la lice.
Quel en est donc le prix ?.... La faveur de ton choix,
Peuple ! fardeau terrible et souvent une croix.
Tes élus du matin ou ta plus chère idole,
Ne sont-ils pas, le soir, chassés du Capitole ?
Et sans aller plus loin que l'histoire du temps,
Empruntons des leçons aux exemples récens.
Les débris de vos noms, Cavaignac, Lamartine,
Flottent sur cette mer inconstante et mutine,
Qu'agite l'ouragan des révolutions
D'où jaillit transformé le sort des nations.
Ils couvrent à l'envi d'insultes et de bouc
Vos lauriers, votre gloire, et frappent votre joue.
Vous étiez des sauveurs ; aujourd'hui, les ingrats !
Vous nomment assassins, transfuges, apostats,
Jettent votre mémoire à la haine publique,
La brisant sous l'arrêt d'un jugement inique.

Peut-être à votre tour demain, Barbès, Raspail,
Serez-vous les brebis maudites du bercail.
Pitié ! nous avons vu Ledru-Rollin lui-même,
Flagellé des mépris d'un hideux anathème !
Et, pour ombre au tableau, contemplez tous ses fous
Humblement prosternés, adorer à genoux
Un rédempteur promis, ridicule fétiche,
Dont l'image remplit le cadre de l'affiche !
Qu'importe du passé l'enseignement fatal ?
C'est un maître toujours qu'attend le piédestal :
Ils brûlent de venir se remettre en tutelle
Et de placer le joug à leur tête rebelle !

Honte à qui lâchement, par crainte du danger,
A ce dernier assaut resterait étranger,
Observant la bataille dont il guette l'issue
Comme un navigateur qui consulte la nue.
Peuple ! de l'avenir, le moindre bulletin
Peut changer la fortune en sortant du scrutin.
De perfides discours redoute l'influence,
Ecoute en ce moment ta seule conscience.
Refuse les conseils de ces conspirateurs,
De discorde et de mal éternels promoteurs,
Et de notre vaisseau menacé du naufrage
Se gonflera la voile au vent de ton suffrage.
Prends un pilote fort, habile au gouvernail,
D'un courage éprouvé, que nul épouvantail
De menace ou de cris, que rien ne puisse abattre,
Et, riche de la paix, cesse enfin de combattre !

AUX INCORRIGIBLES.

———————◆◆◆◆———————

Ceux que nous avons vus, suppliants, aux abois,
Et courbés sous la peur sans courage et sans voix :
Ces lâches prosternés la face contre terre,
Lorsque de Février s'annonça le tonnerre;
Ces faux adorateurs du splendide soleil
Qui du monde endormi présageait le réveil;
Toute la horde enfin de valets et de traîtres
Qui, le danger venu, renièrent leurs maîtres;
—Oubliant à Frosdhorf l'enfant du droit divin ,
Ou laissant partir seul, le long d'un grand chemin,
Ce vieillard détrôné qu'ils encensaient la veille;—
Les voilà rajustant, mus d'une ardeur pareille,
Des débris vermoulus, des phrases de serment,
Prêts à mettre à l'enchère un vénal dévoûment.

2

C'est qu'ils savent de loin, à combien de largesses
Ils pourront escompter le prix de leurs bassesses.
Ils savent la valeur de leur part au butin ;
Ils se sont conviés par avance au festin ;
Et, pour un grain d'encens que recevra l'idole,
A longs traits ils pourront s'abreuver au Pactole.

Nos camps sont séparés par des fossés profonds.
Logiques et naïfs, simplement nous disons :
En regard du pays que peut valoir un homme,
N'importe ses aïeux, ou comment il se nomme :
Bonaparte, Chambord, Cavaignac, d'Orléans ?...
Soyons prêts à servir des intérêts plus grands ;
Les intérêts de tous, non d'une dynastie,
Non ceux d'un empereur, mais la démocratie.
Histrions et jongleurs, assez de tour de main ;
On vous a reconnus, vous paradez envain.
Votre foi politique est ce mot : ÉGOISME !
C'est de vos appétits le vrai patriotisme.

Laissons ces malheureux se disputer en paix
De serviles vassaux la marque et le harnais.
Qu'ils poussent à loisir les bornes de leur rêve,
Mais, pour leur propre honneur, qu'ils fassent une trève
A ce rôle hideux de calomniateurs,
A l'indigne métier d'agens provocateurs,
Qu'on revoit, chaque jour, traduits sur mille pages
En articles pétris de mensonge et d'outrages !
A les croire, en effet, hors d'eux, que sommes-nous ?
Un affreux ramassis de brigands et de loups,

De tigres, d'assassins, d'affamés boule-dogues,
D'implacables bandits, furieux démagogues
Décrétant dans nos clubs le pillage et le vol,
Et jusqu'aux fondemens voulant briser le sol !
Entendez-les crier : sus ! aux bêtes féroces ;
Préparons les gibets, ouvrons les basses fosses ;
Serrons-nous ! il est temps, nous sommes menacés.
Et des peureux, alors, dans le piège enlacés,
Le lamentable essaim prend l'alarme et se groupe.
Puis, au signal donné, s'ébranle cette troupe
Marchant au *nom de Dieu, de la société,*
Pour sauver la famille et la propriété....

Imposteurs !....parcourez de récentes annales,
Et vous y trouverez qui sont les cannibales,
Les ouvriers du mal, les pillards, les bourreaux,
Ceux qui sur les vaincus ont levé leur couteaux.
Quelles sont ces clameurs qui s'élèvent des plaines
Où ces fléaux de Dieu, majestés souveraines,
Panthères revêtant la toison des agneaux
Des Peuples muselés conduisent les troupeaux ?
Que dit le vent du nord, passant par la Vistule,
Des Etats allemands jusqu'au mont Janicule ?
Ecoutez les échos partis du Vatican,
De Vienne, de Berlin, de Venise et Milan ;
De Pesth et Pétersbourg, de Comorn et Messine,
Où chacun de nos pas rencontre une ruine,
Des martyrs, des mourans, des morts dans leurs tombeaux,
Sans parler des proscrits promis aux échafauds !

Empires désolés où sous l'œil de la France,
Se dresse et s'assouvit la brutale vengeance
Des royaux bombardeurs, des crétins couronnés,
Régnant par droit du Ciel, appelés dieudonnés !
L'histoire en inscrivant les listes funéraires,
Redira sans pitié vos exploits sanguinaires,
Exécrables tueurs : Tzar Nicolas-*le-Grand*,
François et Frédéric, stupide Ferdinand,
Insensés qui croyez anéantir L'IDÉE,
—L'esprit rénovateur,—par la hache et l'épée
Des Windisgraetz, Haynau, Jellachich, Radetzki
Dont les noms sont gravés au même pilori.

Montrez-nous vos secrets, sombres plombs des Lagunes,
Cellules du Spielberg, citadelles des Dunes,
Casemates des forts, bastilles et cachots
Que le sang et les pleurs ont rempli de leurs flots.
Allons ferme, plus loin ; écartons toutes craintes.
Recueillons à genoux les douloureuses plaintes
Qui sortent de vos murs, prétoires souterrains
Où, la flamme et le fer et l'Evangile aux mains,
L'inquisiteur rendait sa terrible justice
Aux patiens mandés de par le saint-Office.
Un moment de repos....contraste glorieux !
Opposons à ces faits lugubres, odieux,
Le Peuple triomphant,—héroïque victime—
Qui, maître du combat et toujours magnanime,
De son tour de punir proclame l'abandon
Et change sa colère en généreux pardon.

Anathême à celui qui, par calcul, évoque
Les souvenirs cruels d'une sanglante époque;
Heure d'enfantement et de transition,
Sur laquelle ont plané deuil et proscription,
Athéisme, terreur, sacrilège, rapine,
Sous le sceau de la mort et de la guillotine.
Tels ne sont de ce temps ni le but ni l'espoir;
De semblables horreurs l'horizon n'est point noir.
Au bout de fers aigus on ne veut plus de têtes
En forme d'ornemens et de fleurs à nos fêtes.
La Mère peut avoir de bâtards nourrissons,
—Caïns auprès d'Abel,—mais nous les repoussons !!
Laissant à leurs auteurs les funestes maximes,
Nous irons au progrès en fuyant les abymes.
De nos dogmes sacrés les principes sont doux :
Travail et Liberté, Paix et Respect à tous;
En faveur du petit, de l'humble prolétaire,
De bienfaisantes lois un code humanitaire;
Un asile et du pain comme le voudrait Dieu
A ceux qui par la nuit errent sans feu ni lieu.
Une place à chacun au banquet de la vie;
Au banquet de l'esprit, nouvelle eucharistie,
Lait pur que suceront nos enfants au berceau,
Eux, les sûrs héritiers du régime nouveau
Qu'ils verront s'implanter, plus heureux que leurs pères,
Jusqu'aux bouts reculés de nos deux hémisphères.

Envers et contre tous le char marche en avant;
Le fleuve a fait son lit et marqué son courant.
Le germe tient au sol par de vives racines;
Les peuples rajeunis sortent forts des piscines

Où leur front a reçu de leurs propres tyrans,
Le baptême de feu pendant des milliers d'ans.

Frappez, frappez encor, misérables pygmées,
Du tranchant émoussé de vos vieilles cognées.
Attaquez à loisir les branches et les troncs ;
Vous mourrez à la tâche, infirmes bûcherons.
Vos coups pourront peut-être endommager l'écorce,
Mais l'arbre survivra', car plus bas est sa force.

AU CITOYEN CRÉMIEUX

(Ex-membre du Gouvernement Provisoire)

LORS DE SON VOYAGE AU PUY

POUR

DÉFENDRE L'AMI DU PEUPLE.*

———◦———

Au noble voyageur, salut et bienvenue
Sur le sol du Velay, jadis terre inconnue,
    Mais où de forts sillons
Nous ont payé déjà de leurs riches entrailles
L'avance et la sueur de pénibles semailles,
    En superbes moissons.

———

A l'un des fondateurs de notre République
Que souillent les méchans de leur regard cynique,

---

* Plusieurs milliers de citoyens s'étaient portés à la rencontre de cet hôte considérable. Vers la nuit, sa voiture étant arrivée à l'entrée du pont de Brive, le citoyen CRÉMIEUX mit pied à terre. Il fut reçu par le citoyen Polydore FABRE, qui le harangua au nom de la démocratie. Aussitôt après, ces strophes lui furent lues et offertes.

Gloire pour ses travaux !
Du soldat valeureux de la Démocratie,
Vouant aux libertés le repos de sa vie,
Soutenons les assauts !

Vous aurez en nos' cœurs souvenir plus durable
Que tous ces monumens élevés sur le sable,
Lorsque passait un roi ;
Car nous voyons en vous l'apôtre des doctrines
Magnifique reflet des promesses divines,
En qui nous avons foi.

Salut à l'orateur dont la mâle éloquence,
Se montre toujours prête à servir la défense
De nos droits menacés ;
Droits de réunion, de parler et d'écrire,
Qu'ils espèrent envain, ces hommes en délire,
Voir du code effacés.

De vos efforts, Crémieux, la tâche sera belle,
Vous briserez d'un mot l'intention rebelle
D'imprudens ennemis ;
Si vous manquez d'un jour à la grande tribune,
Dites avec orgueil à la voix importune :
Le Peuple m'a commis !

Allez, allez toujours, trop heureux mandataire,
Du courage montrer l'exemple salutaire
Aux endroits du péril ;
Partout de votre voix l'appel patriotique
Rencontrera l'élan d'un écho sympathique,
Dût en venir l'exil !

CONFIDENCES ET SERMON

A MA CHATTE.

———————⟶∞∞⟵———————

Sicut passer solitarius in tecto.
(DAVID.)
—
Comprenez-vous l'isolement volontaire quand
on a tout ce qu'il faut pour vivre en société ? Oui.
(*Anonyme*).

Miette, que de fois, en véritable chatte,
Tu corrigeas mes doigts d'un malin coup de patte,
Alors que sommeillant sur la piste d'un vers,
Au lieu du dos ma main présentait le revers.
C'était là, j'en conviens, simple et bonne caresse,
Et sans trop me blesser, tu grondais ma paresse,
Car, tu le sais, petite, en son pauvre réduit
Ton maître délaissé veille souvent la nuit ;

La nuit, plus que le jour dont la clarté trop vive.
De ses maux en son cœur le souvenir ravive.
Grâce à ton gai minois, à tes folâtres jeux,
Au frôlement si doux de ton duvet soyeux
Que tes bonds inégaux promènent sur ma face,
D'un rhytme interrompu je ressaisis la trace;
A l'instant mes esprits sont dispos et subtils,
Et sans peine au métier je rattache les fils.

Plût au ciel que jamais ma tremblante paupière
D'un plus mauvais réveil n'eût senti la lumière!
Mais mon âme a gémi sous les plus rudes coups,
Et mon corps s'est courbé, ployant à deux genoux,
Car des mille douleurs j'ai tari le calice
Et compté tour à tour les pointes du cilice!
De mon labeur ici j'ai tracé le sillon,
Comme le bœuf qui laisse au bout de l'aiguillon
Des lambeaux de ses chairs, en semant par la route,
A la sueur mêlé tout son sang goutte à goutte;
Haletant et frappé jusqu'au moment fatal
Où ses membres brisés se vendront à l'étal !
Ainsi j'ai consumé dans des travaux stériles,
Mes jours d'adolescent et mes forces viriles,
Repoussé, méconnu, d'outrages abreuvé,
Le long de mon sentier n'ayant jamais trouvé
Amis ni protecteurs, absent de la famille!
J'ai connu le destin de l'étoile qui brille
Une minute au ciel, pour s'éteindre aussitôt.
Tel on voit le navire emporté par le flot

Effleurer l'océan d'un rapide sillage
Et fuir sans y laisser l'empreinte du passage,
Je suis le laboureur qui visite son champ
Et le contemple nu, fauché par l'ouragan ;
Ou qui, pour la moisson espoir de mille gerbes,
Récolte, en soupirant, un tas de folles herbes.
Et cependant Dieu sait ce que j'avais en moi
De courage et d'ardeur, d'espérance et de foi !

A regret, chaque jour, fais-en l'aveu, Miette,
Tu te plais un peu moins au fond de ma chambrette.
En cercles inquiets tu promènes tes pas,
Et d'un œil envieux tu regardes en bas.
Serait-ce le désir de visiter la rue
Où tu n'es pas encor, par bonheur, descendue ?
De notre voisin noir ton cœur est-il épris ?
Aurais-tu le dégoût des modestes débris
Si franchement rognés à ma maigre pitance,
Au risque de jeûner plus fort que l'ordonnance ?
Voudrais-tu me laisser, quand loin de notre toit
Le soleil a chassé la tristesse et le froid,
Et lorsque nous pouvons, au quatrième étage,
Malgré nos ennemis, mener si bon ménage ?
Le carême est fini ; regarde, le panier
N'est pas trop mal garni, si ce n'est de gibier.
Bien plus, j'aurai demain nouvelle friandise
Au choix de ton caprice et de ta gourmandise.
Crois-moi, ferme l'oreille à l'appel des matous
Que je tiens prudemment éloignés de chez nous.

A force de changer et de courir, petite,
Sûrement on arrive à se coucher sans gîte.
Exempte d'embarras, il vaut mieux, en repos,
Grignoter dans un coin du pain sec et des os,
Que de chasser souris par trous et par gouttières.
Est-il sommeil plus doux que celui des chaumières?
Et si la solitude a parfois ses ennuis,
Que j'en connais de ceux que le monde a punis !
Hors de chez nous, enfin, je crains une souillure
Pour ta robe si blanche et jusques-là si pure.

Le Ciel en soit loué ! Ma fille, tu te rends
Aux motifs soutenus par mes raisonnemens.
Tu ne quitteras pas les bords de ta fenêtre,
Tes douze pieds carrés et le lit de ton maître.
C'est bien, mais à présent, n'ayons plus de secret ;
Compte sur un ami complaisant et discret.
Allons, quel est ton mal, ton souhait ou ta peine?
De chercher des détours ne te mets pas en veine,
Et d'un libre discours prends avec moi le ton....
Aucun cas, réponds-tu, de mon grave sermon
N'a présenté le fait, et bien fort je m'abuse.
Je comprends. Tu voudrais, ma charmante recluse,
Apprécier ces gens drôlement accoutrés
Que jamais tu ne pus envisager de près ;
Dès ce moment, je suis ton serviteur docile.
Si ma tâche est ingrate, elle est certes facile ;
Mes tableaux seront vrais, tant pis si d'un méchant
Je m'expose à subir la colère en passant.

Et d'abord, je te tiens quitte de la réplique....
Nous sommes, on l'assure, en temps de République;
Mais le chanter trop haut, c'est ma foi défendu,
Et l'on n'a qu'à choisir la Bastille, ou pendu.
Hé! quoi donc?... doucement. Ecoute en patience,
Des mots pris à rebours tu n'as pas la science.

Voici bientôt trois ans, immortel souvenir! .
Date qui réglera les siècles à venir,
Un long cri retentit à travers notre France,
Et l'univers redit, hosannah! délivrance!
Alors on vit trembler les pâles souverains.
Les puissants des petits embrassèrent les mains;
De la nouvelle idole ils entouraient l'estrade;
A renfort de poumons, de bruit et de parade, .
D'incroyables ardeurs, ils venaient à l'autel
Donner au Dieu du jour un serment solennel.
On les crût!!! tant leurs fronts brillaient d'éclats sincères.
Ah! que n'a-t-on plutôt écrasé ces vipères
Qui tournent sourdement les pointes de leurs dards
Contre ceux dont les cœurs leur servaient de remparts!
Remis de leur effroi, ces lâches saltimbanques
Ont repris à l'envi leurs places sur les rampes.
Rusés caméléons, méprisables faquins,
Vite ils ont enlevé des vestes d'arlequins
Qu'ils tenaient en réserve au fond d'une cachette,
Le drap dont la couleur à la hausse s'achète.
Tel est bleu, tel est vert; et ces autres, pur-sang,
Croisés de Wiesbaden, varlets du mouchoir blanc.

Miette, n'est-ce pas un étrange spectacle ?
De ce côté : salut ! à l'enfant du miracle.
Là, des décembraillards la cohorte répond :
Hurrah ! pour l'empereur ; vive Napoléon !
Le comte de Paris, ou le cousin Joinville
Plus timide, entre deux, à tâtons se faufile,
Explorant et flairant, louvoyant vers l'endroit
Par où se peut franchir la passe du Détroit.
Ces divers élémens d'essence hétérogène,
Assemblés et disjoints trente fois par semaine,
Cherchent incessamment à former un faisceau
Qui n'obtiendra jamais la force du roseau.
Car ni conspirateurs, ni complots, ni menées
Ne sauraient du pays changer les destinées.
Princes, baissez-vous donc, le sort en est jeté,
Devant le Peuple Roi, la seule Majesté.

Jadis le Béarnais, *s'en allant à confesse,*
Déclarait *que Paris valait bien une messe ;*
Et la France est toujours le gâteau si friand
Que vise l'appétit de chaque prétendant.
Après eux, les repus des précédens régimes
Arrivent, affamés des dépouilles opimes.
Aussi, par quels transports, par quel entraînement,
Exaltent-ils à froid leur banal dévoûment !
Regardons en pitié tous ces énergumènes
De leur dogme grossier fervens catéchumènes,
Poursuivre le succès de ridicules vœux,
Et restons, sans rougir, la canaille et les gueux.

Petite, aperçois-tu ces quelques silhouettes
De certains matadors coiffés de girouettes ?

Je t'offre un pot-pourri *d'honnêtes modérés*,
Tous, grands et petits saints, dignes d'être insérés
Sur les pages d'honneur des dévots catalogues,
Des Messagers boiteux, préfaces et prologues.
Modérés! disent-ils, et la Réaction
Dépasse les horreurs de l'inquisition!!!
Gardez-nous, Dieu clément, de rencontrer la serre
De ces *bénins sauveurs* à la devise austère :
Religion, Famille, Ordre, Propriété,
Dont ils chantent les mots jusqu'à satiété.
Oh! s'ils pouvaient tenir la *vile multitude* *,
Ne faisant qu'une tête, au cachot de Latude!
Mais non, parmi nos rangs lorsque tombe un soldat
Cent martyrs dévoués reprennent le combat.
Honnêtes! les menteurs; tu sais quels stratagèmes
Ils dressent pour servir d'appuis à leurs systèmes;
Calomnie et terreur, ruse, corruption
Complètent les arrêts de la proscription.
Infâmes! le scalpel a sondé les ulcères
Et le virus caché au fond de vos artères;
De vos masques usés vous vous couvrez envain .
Le crible a séparé le sable du bon grain.

Je devine à ton air, ma gentille Miette,
Qu'en ce deuxième point il faut que je m'arrête.
Il te manque un détail de mes échantillons;
J'en croque deux ou trois, après nous finissons.

(1) Thiers.

Procédant au hasard, sans recherche et d'emblée,
J'ai les meilleurs sujets de l'auguste assemblée...
Ce visage candide abrite un usurier „
Membre de son conseil et de plus marguillier.
Qu'importe s'il dévore et l'enfant et la veuve?
De pieux homme d'ordre il a fourni sa preuve.
Celui-ci d'une épouse, aux chances du tripot,
A perdu le bonheur, l'avenir et la dot;
Mais c'est un défenseur de la sainte famille,
Et son crime, dès-lors, est simple pécadille.
Ce riche libertin, héros des lupanars,
Ignoble suborneur connu par des écarts
Dont le bruit à la ronde excite le scandale,
Est un des plus fameux prêcheurs de la morale.
A ses côtés, là-bas, ce vilain, parvenu
Le diable sait comment, mais depuis revenu
Des communes erreurs aux fils de prolétaire,
Applique noblement son code humanitaire :
Il bâtonne ses gens, prend les droits du seigneur
Sur la fille du peuple, ainsi qu'un grand veneur
A travers les guérets chassant perdrix et caille ;
Halte ! de Montyon n'a-t-il pas la médaille ?
Admire l'abdomen de ce gros financier.
Si parfois avec pompe il débourse un denier,
Aussitôt c'est à qui vantera son aumône ;
Avec éclat chacun le bénit et le prône ;
C'est que son nom partout, en gros texte cité,
Orne les prospectus d'œuvres de charité.
Ce marquis fanfaron portant si haut la tête,
N'a jamais le loisir d'acquitter une dette.

Examine d'ici ces bandes d'aigrefins
A tournure équivoque, aux airs si patelins ;
C'est l'honorable corps de nos budgétivores.
Que les drapeaux soient blancs, rouges ou tricolores,
Ils ont au ratelier provende pour leur dent,
Et tournent à propos à la suite du vent.
Je n'aurais pas fini cette nomenclature,
Mais l'imprimeur, ce soir, attend ma signature.
Evitons avec lui de nous faire un procès.
Es-tu de mon avis ? — Oui, maître, c'est assez.
En effet, imitons le rat de Lafontaine ;
Aux murs de ce logis bornons notre domaine,
Et méprisons les bruits qui viennent du dehors.
Je t'en dirai plus long ; à demain, je m'endors.

A GABRIEL HUGELMANN

TRANSPORTÉ A BONE

ET

A JULES MAIGNE.*

DÉTENU A BELLE-ISLE.

Tu t'en vas, transporté vers la terre étrangère,
Tu quittes tes amis, ta famille et ton ciel ;
Mais reste toujours fort, et sûrement espère
En des destins meilleurs, ô proscrit Gabriel.

Les vents t'apporteront, un jour de fraîche brise,
Une bonne nouvelle au bout de l'horizon,
Et tu pourras alors, sans lettre de franchise,
Voir tomber devant toi l'écrou de ta prison !

* Note extraite de *l'Ami du Peuple :*
Nous nous empressons de publier les vers suivants que le poëte Casimir
AUGIER, notre ami, a dédiés à Gabriel HUGELMANN, lors du passage en
notre ville de ce jeune transporté. Par une heureuse inspiration, Jules
MAIGNE n'a pas été oublié dans cette ode aux vaincus.

Prouve une fois de plus que parmi les poètes,
—Ces étranges maudits,—mais si souvent martyrs,
Il en est de puissants aux heures des tempêtes,
Et qui savent mêler leur sang à des soupirs....

Et malgré que tu sois sur la rive africaine
Plus prisonnier qu'aux mains des anciens fils d'Allah,
Nos vœux sauront forcer, pour soulager ta chaîne,
La garde et les guichets du fort de la Casbah....

Il te sera compté, le temps de la souffrance !
Quelquefois de l'exil le triomphe est bien près :
Qui sait si le vaisseau, courrier de délivrance,
N'apprête pas déjà sa voile et ses agrès ?

Grâce à Dieu ! tu n'es pas au fond d'une vallée
Ni de Vaïtahu, ni de Noukahiva !
Aux lieux où tu gémis, d'une seule volée,
En fuyant les hivers, l'hirondelle s'en va.

Lorsque tu recevras aux bords de cette plage
De tes frères d'ici le pieux souvenir,
Sois heureux, Hugelmann, et fier de cet hommage ;
Souffre pour le présent, mais vis pour l'avenir !

Par des moyens cachés, on voit la Providence
Accomplir ses arrêts de transformation ;
Peut-être en ce pays portez-vous la semence
Que suivra le signal de la rédemption.

En cet instant les pleurs inondent ma paupière
Mes regards éperdus interrogent Doullens,
Ils cherchent à travers l'homicide barrière
A revoir un ami, parmi d'autres absens !

C'est à toi Jules Maigne, à l'aurore si belle,
Au talent éprouvé, généreux condamné,
Que s'adressent ces pleurs dont ma plume rebelle
Trouve à peine le sens dans mon cœur étonné.

A toi qu'on appela *la haute intelligence,*
La volonté de fer et le brave au cœur d'or;
A toi pauvre lion, muselé, sans défense,
Et comprimé soudain dans ton sublime essor ! !

. . . .

Ils souffrent, eux aussi, victimes émissaires
De la nouvelle foi qu'on persécute envain ;
Ils préparent du haut de leurs sombres calvaires
Pour l'aliment futur le sel et le levain !

Courage donc et force, à vous tous, nobles hommes !
Conservez vos esprits et vos fronts radieux ;
Aucun des potentats, possesseurs de royaumes,
N'aura jamais porté sceptre plus glorieux.

A LA NOUVELLE GÉNÉRATION

DES ENFANS DU VELAY.

Abandonnons un jour l'arène politique,
Pour visiter le champ du domaine artistique
Aux tranquilles abris, au gazon frais et vert,
Tels que le pélerin les recherche au désert,
Alors que du Simoun l'implacable tourmente
Dans le sable embrasé roule et brise sa tente!
Eh! ne sommes-nous pas aussi sur un volcan?
Passons-nous un seul jour, sans que de l'ouragan
La formidable voix ne gronde et ne menace
De tout bouleverser jusqu'à dernière trace?....

Mais calmons nos esprits de douleur attérés
A l'aspect de nos droits perdus et lacérés ;
Laissons les travailleurs de la Babel nouvelle
D'un liquide mortier surchargeant leur truelle,
Occupés à dresser jusques au firmament
D'un code monstrueux le hideux monument ;
Vous serez écrasés, pris sous l'échaffaudage
Qui ne pourra porter le poids de votre ouvrage :
Baroche et Parieu, Carlier, Montalembert,
Berryer, Thiers et Falloux complices de Rouher !
Pressez le mouvement, n'allez pas de main morte ;
Excitez à l'assaut votre sainte cohorte ;
Ranimez à grand bruit l'élan des compagnons
Qui d'habits si divers parent vos bataillons ;
Votre œuvre finira comme la pasquinade
De banquistes forains nous donnant la parade.
Nous savons de vos vœux l'adultère union ;
Le néant sortira de la confusion.
Les vents emporteront bien loin dans la poussière
Ces tas incohérens de ciment et de pierre,
Les peuples au progrès seront enfins rendus ;
Apostats et relaps vous êtes confondus !

Au moment du départ, une triste pensée
Eclate de mon sein où je la tiens pressée.
Un souvenir à vous : noble tour Saint-Mayol * !
Porte de Panessac qui déjà sur le sol

---

* Ceci est un simple regret à propos de la démolition de cette tour, dont l'absence à côté de la cathédrale de Notre-Dame, enlève à celle-ci une partie de son cachet primitif de forteresse et d'église. Nous devons dire cependant que M. Mallay, l'habile architecte diocésain, ne l'a ordonnée qu'après la conviction profonde où il était, de la voir dans un avenir prochain, s'écrouler d'elle-même.

Avez vu disperser les murs de votre enceinte
Dont on effacera bientôt jusqu'à l'empreinte.
En comptant, abattus, vos restes vénérés,
Les amis du vieux temps vous ont souvent pleurés,
Jalons majestueux des époques antiques,
Et de nos pères morts, précieuses reliques!
Encore si les mains qui tenaient le niveau
A la place eussent mis de l'utile ou du beau!
Mais non, pour compenser ce qu'ils nomment réforme,
On ne voit rien surgir que de brut et d'informe;
Des tronçons et des plans absurdes ou mesquins
Enfans étiolés comme ceux des crétins *.
Refoulons, il le faut, notre tristesse amère,
Comprimons les ardeurs d'une juste colère,
Gémissons en secret. Puissent nos successeurs
Conjurer le marteau d'autres démolisseurs
Qui viendraient, transportés de barbares vertiges,
Meurtrir ou saccager les glorieux vestiges
Que leur pourront laisser, élevés sur leurs pas
Les hommes d'aujourd'hui voyageant ici-bas!

Du profond de mon cœur je vous maudis, Vandales!
Fléaux plus destructeurs que du nord les raffales,

---

* *Pour ne parler ici que de ce qui concerne l'emplacement de la porte de Panessac, sur lequel on a élevé de nouvelles constructions, nous nous permettons de jeter hautement et clairement, un blâme sévère à l'administration très coupable, selon nous, de n'avoir pas imposé aux propriétaires un alignement régulier. Tout le monde a été frappé de l'aspect ridicule de ces maisons, formant une entrée de ville, dont le cordon s'élève ou s'abaisse suivant les caprices du plus mauvais goût.*
Eh! de combien d'autres remarques désagréables ne pourrions-nous pas enrichir cette note! Promenades, avenues, fontaines....à plus tard, passons.

Welches de tous pays, vulgaires routiniers
Qui maîtres du signal, avancez les derniers....
Guerre à vous, ouvriers de cette bande noire,
Mutilateurs de l'art, sans respect pour l'histoire,
Renversant ou créant sans génie et sans foi
Et dont le sens banal ou l'argent est la loi.
Cheminant à travers la France ravagée,
Partout j'ai rencontré la science outragée.
Ces pages de granit de nos traditions,
Ces lambeaux éloquens, livres des nations,
Succombent décrépits, rongés par la vieillesse *,
S'ils ne meurent aux soins d'une aveugle tendresse **.
Citadelles, donjons, tourelles du manoir
Du savant désolé la recherche et l'espoir ;
Temples des anciens Dieux ***, vous, saintes basiliques,
Vous voilà transformés en comptoirs de boutiques **** ;
Vos voûtes et vos pans abritent les troupeaux,
S'ils ne sont à l'enchère achetés par morceaux *****.

---

* Sans franchir les limites de notre département, citons les châteaux de Polignac, St-Vidal, etc. L'église des bénédictins de la Chaise-Dieu, et peut-être même celle de Chanteuge.

** L'église St-Laurent, la chapelle de St-Michel dont on nous a confirmé une restauration convenable dans un délai prochain.

*** Temple dit de *Diane*, à Aiguilhe.

**** A part quelques chapelles de notre pays qui ont subi une transforma-tion peu en harmonie avec l'usage auquel elles étaient destinées, nous som-mes en peine de trouver chez nous des exemples de ces grandes profana-tions; mais il n'est pas moins vrai qu'on en rencontre souvent ailleurs. Et par extension, que l'on visite Marseille où les constructions modernes ont à peine laissé, sans l'envahir, un seul monument de l'antiquité, — l'église de la Major exceptée.

* *** Châteaux de Bouzols et de Lavoûte-sur-Loire, la Chartreuse de Bonne-foy, etc.

Je laisse à mon pays sa part de ces critiques,
Suivant l'aveu commun, par malheur véridiques *.
Ils en ont torturé le fertile terrain
Sans avoir récolté les épis du bon grain.
Avec l'intention des choses généreuses,
Tout n'est qu'avortement pour causes ténébreuses.
Hélas! sur qui doit-on faire peser le tort?
Est-ce fruit d'ignorance, est-ce faute du sort?
C'est la rougeur au front et le regret dans l'âme,
Que je moule en ces vers la formule d'un blâme;
Pourtant la vérité ne peut perdre ses droits.
Il faut la proclamer depuis le haut des toits
Jusques aux carrefours de la place publique,
Dût-on de coups mortels voir percer sa tunique....
J'accomplis ce devoir la poitrine en avant;
Qu'importe une cuirasse au loyal combattant?

J'ai payé largement mon tribut à ces mânes
Que j'ai vus pollués d'attouchemens profanes.
Oh! non, de par le ciel! que je me sente épris
D'un amour insensé pour ces mille débris,
Rappelant souvenir de l'ère féodale,
Siècles d'oppression et de force brutale,
D'ignorant fanatisme; aux sentiers ténébreux
Où les hommes marchaient, semblables aux Hébreux,

---

* Encore une fois, il n'entre pas dans notre plan de relever toutes les
fautes commises depuis trop longtemps, ou de signaler les choses belles et
utiles que l'on aurait dû entreprendre dans l'intérêt de l'embellissement de
la cité. Nous préparons à ce sujet certain petit travail dont la publication
ne se fera pas attendre.

Avant de découvrir l'étoile flamboyante
Dont la lueur guida leur multitude errante !
J'aime des temps passés à fouiller le tombeau.
De forts enseignemens notre monde nouveau
Doit les grandes leçons à ce vaste ossuaire.
Le Christ ressuscité rejetant le suaire
Dans lequel il dormit au sépulcre divin,
Du trépas à la vie indiqua le chemin.

O terre du Velay ! montre que tu renfermes
En tes robustes flancs de chauds et puissans germes.
A tes fils, désormais, d'offrir aux visiteurs
Plus que de tes vallons les contours enchanteurs,
Plus que de tes vieux monts les grandioses cimes
Et de volcans éteints les ruines sublimes.
Jadis, les étrangers accourus de cent lieux,
Venaient étudier nos sites curieux,
Nos féconds gisemens de minéralogie
Et nos fragmens, trésors de l'archéologie ;
—Certes, peu de climats ont eu pareille dot.—
Mais si nous sommès fiers du magnifique lot
Des splendides beautés, des terrestres richesses
Dont Dieu sur notre sol prodigua les largesses,
Il nous reste à gagner de plus rares lauriers.
Nous proclamons envain d'illustres devanciers
Dans les lettres, les arts, la science et la guerre *.
Lorsque tous nos voisins nous laissent en arrière !

* A Dieu ne plaise que nous voulions amoindrir les gloires et les illustrations de notre pays ! Nous avons au contraire le légitime orgueil d'en compter un grand nombre dans le passé comme dans le présent, mais nous n'en maintenons pas moins ce qui suit.

Nous rampons au milieu d'une profonde nuit,
Ici le sentiment s'étiole et languit.
Notre sang s'est figé le long de nos artères,
Et nous usons les jours en loisirs éphémères.
Rien de beau, rien de grand tenté par nos crésus
Qui sous triples verroux entassent leurs écus !
Elles planent partout l'usure et la rapine !
Aperçoit-on fumer le fourneau d'une usine ?
Quels esclaves voués à plus de préjugés,
Quel peuple où les talens soient moins encouragés * ?

    A ce sombre tableau donnons une auréole ;
Invoquons l'avenir et l'espoir qui console.
Si vous avez vécu dans un lâche sommeil,
Jeunes gens, levez-vous! c'est l'instant du réveil.
Brisez avec effort cette inerte apathie
Qui d'un lien de plomb enchaîne votre vie.
Le ciel vous a donné la force et le talent
Qu'énerve et refroidit un repos indolent.
Laissez les erremens, les croyances caduques
D'imbéciles vieillards, véritables eunuques
Par la tête et le cœur, immuables poteaux
Qui bornent l'horizon aux vignes des coteaux.
A l'œuvre! rachetant vos heures stériles,
Répondez à l'appel d'intelligens édiles.

---

* Appellerait-on, par hasard, encouragement, le secours de quelques
centaines de francs que l'on accorde à un ou à deux pensionnaires ? Serait-
ce encore quelques médailles et des mentions honorables ? C'est bien, ce
n'est pas assez.

Voyez au fond du Breuil se dessiner le plan
De ce palais sorti des cartons de Normand *,
C'est à vous qu'il revient d'en remplir les espaces :
A l'œuvre ! dis-je encore, et marquez-y vos places.
Remarquable déjà par les nombreux emprunts
Arrivés du dehors ou travaux des défunts **,
Notre musée attend pour orner les séries
Et les rayons d'honneur des neuves galeries,
Vos produits désirés : peintres, historiens,
Poëtes, inventeurs, sculpteurs, musiciens,
Hommes de la fabrique et de l'agriculture ;
Ils seront son orgueil et sa chère parure.
Hâtez-vous d'attacher vos noms au livre d'or.
Courage ! ayez la foi ; pressez donc votre essor !
Du néant à la gloire on franchit la distance
Par un âpre labeur et la persévérance.
Surmontez des débuts le pénible dégout
Et malgré les échecs qu'on vous trouve debout,
Trop heureux si celui qui tient nos destinées,
M'accorde la faveur de plus longues années,
Afin de raconter à vos futurs enfants,
Ce que vous aurez fait, célébré par mes chants.

---

* Architecte départemental, artiste d'un mérite éminent, dont le projet primitif a dû être singulièrement modifié par suite de l'exiguité des fonds alloués.

** Nous croyons inutile de mentionner ici les noms de nos compatriotes morts ou contemporains dont les ouvrages tiennent au musée une si belle place. Tout le monde les connaît.

AU CITOYEN LAISSAC

Avocat, ex-Constituant.

Nous avons tous encor, gravé dans la mémoire,
Le souvenir profond des sublimes accens
Dont vibrèrent les murs et l'écho du prétoire
Quand Crémieux y lançait ses foudres éloquens.

Mais la réaction, cette hydre aux mille têtes,
Implacable au combat, prompte à se redresser,
A besoin chaque jour de vigoureux athlètes
Qui, de même, soient là prêts à recommencer.

Parmi les plus beaux noms de cette pléiade
Où brillent les Crémieux, les Michel*, Favre et Bac
Suivis de tant de preux armés pour la Croisade, **
Le tien trouve son rang, intrépide Laissac !***

* De Bourges.
** Mathieu (de la Drôme), Joly, Bancel, Dupont (de Bussac), Martin
(de Strasbourg), Madier de Montjau.
*** Le citoyen Laissac a plaidé trois procès politiques dans notre département.

Unissant la science au don de la parole,
Tu leur donnes l'éclat de la conviction.
Par ta lèvre ton âme et déborde et s'envole
Rayonnante des feux de l'inspiration.

A ton geste, à ta voix, à tes vives formules,
On comprend les tribuns de ces forums anciens,
Qui faisaient tressaillir sur les chaises-curules,
Les ennemis du peuple et les patriciens.

Ne désespérons pas de la Démocratie
Si fière de compter de pareils défenseurs.
Son principe immortel ne craint plus et défie
La colère et les coups d'impuissans aggresseurs.

ADIEUX A CHARBONNEL

Représentant du Peuple, pour la Haute-Loire,

Tué à Paris aux journées de juin 1848 *

Tes mânes dépouillés de la terrestre fange,
Iraient sans le secours de ma faible louange,
    A l'immortalité ;
Aussi, je viens jeter une simple prière
A ton nom, saint martyr! que guidait la bannière
    De la fraternité.

Si mes vers de ton front n'ornent pas l'auréole,
On dit qu'un souvenir nous charme et nous console
    Au-delà du cercueil ;
Car tout n'est pas fini, lorsqu'à la dernière heure,
Le fossoyeur nous plonge au fond de la demeure
    Dont il ferme le seuil.

* Ces vers devaient être récités sur la tombe du citoyen Charbonnel, le jour de ses funérailles, à Monistrol-l'Evêque, son pays natal. Je les donne ici tels qu'ils me furent inspirés, à cette époque, par la fin prématurée et lamentable de cet homme de bien que nous aurions, sans doute, le bonheur de compter au premier rang des défenseurs de la Démocratie. C'est de plus une dette de cœur dont je m'acquitte tout en glorifiant sa mémoire.

1851

Le néant de la mort ne peut atteindre l'âme ;
Son essence retourne à l'éternelle flamme
      Du principe divin :
Seulement, il lui faut, par un brusque divorce,
S'échapper des liens de sa grossière écorce,
      Pour revivre sans fin.

Le monde, Charbonnel, cette plage étrangère,
A ta cendre offrira la gloire passagère
      D'un chétif monument
Que peut briser demain, dans la nuit orageuse,
Des révolutions la tempête fougueuse
      Ou le souffle du vent.

Mais au parvis du Ciel sûrement on repose,
Là se trouve l'autel de ton apothéose ;
      Citoyens ! plus de pleurs :
Comprimons les transports de notre deuil intime,
Et recouvrons la tombe où descend la victime
      De lauriers et de fleurs.

Eh ! ne maudissons pas cette main parricide
Instrument malheureux de ce grand homicide !
      Ainsi que sur la Croix
Jésus pour ses bourreaux intercédant son père,
Il partit sans un mot de haine ou de colère
      Au cœur ni dans la voix...

Si j'aperçois le sang couler de ta blessure,
Par un instinct secret mon esprit se rassure.
      Désormais l'union

Dans nos tristes foyers remplacera les guerres,
Et bientôt surgira d'un seul peuple de frères
   La génération.

Dors en paix, Charbonnel, toi dont la bienfaisance
A toutes les douleurs prêta son assistance,
   Patron des malheureux !
Toi l'homme ferme et pur, des vertus le modèle,
Qui fus du travailleur le défenseur fidèle
   Et l'ami généreux. *

Tu comptais d'autres droits à la palme civique ;
Où brûlait plus ardent le feu patriotique
   Que sous ton noble sein ?
Hélas ! à son début ta carrière est brisée !
Mais respectant de Dieu l'arrêt et la pensée,
   Honorons son dessein.

---

* Sa vie entière est là pour le prouver, et ses discours à l'Assemblée constituante apprirent à ceux qui ne le connaissaient pas, combien il apportait de zèle et d'ardeur à servir la cause de cette nombreuse et misérable portion du peuple qu'on appelle encore le PROLÉTARIAT.